SOCIÉTÉ POUR LA DÉFENSE DU COMMERCE
DE MARSEILLE

DROITS DE TIMBRE

APPLICABLES

aux Récépissés, Lettres de Voitures

et Connaissements

RAPPORT

PRÉSENTÉ AU NOM DE LA COMMISSION SPÉCIALE

PAR

M. E. MEYNADIER

26 Juillet 1895

MARSEILLE
TYPOGRAPHIE ET LITHOGRAPHIE BARTHELET ET C**
19, Rue Venture, 19
1895

SOCIÉTÉ POUR LA DÉFENSE DU COMMERCE
DE MARSEILLE

DROITS DE TIMBRE

APPLICABLES

aux Récépissés, Lettres de Voitures et Connaissements

RAPPORT

PRÉSENTÉ AU NOM DE LA COMMISSION SPÉCIALE

PAR

M. E. MEYNADIER

26 Juillet 1895

MARSEILLE
TYPOGRAPHIE ET LITHOGRAPHIE BARTHELET ET Cⁱᵉ
19, Rue Venture, 19
1895

SOCIÉTÉ POUR LA DÉFENSE DU COMMERCE DE MARSEILLE

Séance de la Chambre Syndicale du 26 Juillet 1895

M. E. MEYNADIER donne lecture, au nom de la Commission des Chemins de fer (1), du rapport suivant sur le projet de loi présenté par le Gouvernement portant modification des droits de Timbre applicables aux récépissés, lettres de voiture et connaissements :

MESSIEURS,

Le projet de loi déposé par le Gouvernement, le 15 février 1895, relativement aux droits de timbre applicables aux connaissements, lettres de voiture, récépissés de chemin de fer, etc., a, pour notre place, un intérêt considérable, non seulement par suite de l'importance des expéditions de notre commerce local, mais encore à cause du transit énorme qui s'y effectue.

---

(1) Cette Commission était composée de MM. E. Lombard, *président ;* Maire et Fulerand, *secrétaires,* Baron, Bourgogne, Charron, Desbief, Graffin, Jourdan, Meynadier, Salles.

Pour se rendre un compte exact des changements considérables que ce nouveau projet apporterait dans les usages commerciaux et des avantages et inconvénients qui en résulteraient, il convient de comparer la législation actuelle, en cette matière, au projet nouveau dont les Chambres sont saisies.

Actuellement, les marchandises qui voyagent en France sont soumises à des droits divers selon le mode de transport adopté, mais uniformes quel que soit le poids, minime ou considérable, de ces marchandises, leur valeur, le prix du transport et la distance à parcourir.

En vertu de la loi du 30 mars 1872, les marchandises voyageant par petit cabotage, c'est-à-dire d'un port méditerranéen à un autre port méditerranéen, ou d'un port de l'océan à un autre port de l'océan, sont soumises à un timbre de connaissement de 1.20 quels que soient les poids ou les qualités des marchandises groupées sur ces connaissements. Si le transport de ces mêmes marchandises s'effectue d'un port méditerranéen à un port de l'océan, ou vice-versa, ce droit s'élève à 2.40.

Pour les transports par chemin de fer, en vertu de la loi du 30 mars 1872, l'État perçoit, dans les mêmes conditions, un droit de timbre s'élevant à 0.70 pour chaque lettre de voiture en petite vitesse.

Un colis en grande vitesse paie 0.35 de droit de timbre quels que soient sa valeur, le prix du transport et la distance à parcourir,

Pour les transports par canaux, fleuves et rivières, ils sont soumis, en vertu de l'ordonnance de 1672, au droit de timbre ordinaire, c'est-à-dire réglé en raison de la dimension du papier,

Tel est le règlement qui régit actuellement la matière.

Avant d'aller plus loin et d'examiner quelles sont les modifications proposées à ce système, on peut se demander quelles raisons pourraient bien justifier cette anomalie qui consiste à faire payer 2.40 de droits de timbre à une marchandise transportée par mer de Marseille au Havre, alors qu'elle ne paye que 0.70 pour le transport par chemin de fer ? Pourquoi l'Etat soumet à des régimes différents des taxes de même nature, selon qu'elles sont applicables sur des connaissements, des récépissés, des lettres de voitures, etc. ?

Quelle raison a pu déterminer le législateur à traiter plus défavorablement le cabotage et la navigation que les compagnies de chemin de fer ?

Le nouveau projet du Gouvernement a prévu cette réflexion et demande l'égalité de tous les modes de transport devant l'application de l'impôt. Nous ne pouvons qu'approuver cette tendance, mais à ce point de vue seulement.

Quant à la législation proposée, elle se résume en ceci :

Les transports au-dessous de 2 fr. qui payaient 0.70, soit 35 0/0, de droits de timbre seraient appelés à ne payer que 0.25 soit 10 1/4 0/0.

Ceux de 5 fr. verraient l'impôt descendre de 16 0/0 à 10 0/0, ceux de 10 fr. de 8 0/0 à 7 1/2 0/0.

Ce dégrèvement serait donc très sensible pour les expéditions payant de transport 10 fr. et au-dessous. Le projet prévoit de ce chef une diminution importante dans les recettes du trésor et espère évidemment les compenser et au-delà par la plus value sur les expéditions d'un prix supérieur.

Certes, nous ne pourrions qu'applaudir à des mesures tendant à dégrever les charges du petit commerce et de la petite industrie et féliciter les promoteurs de ces mesures, mais à la condition de ne pas faire supporter à une autre portion du commerce les prétendus déficits causés par ces dégrèvements.

En effet, cette diminution de recettes prévue est-elle bien justifiée ? Il paraît assez probable que, ainsi que cela s'est produit dans la plupart des dégrèvements de droits de ce genre, tels que la détaxe des lettres, celle des dépêches, etc., l'économie, variant pour les petites expéditions entre 30 et 6 0/0, aura pour effet de considérablement en augmenter le nombre et que l'Etat verra, sinon s'augmenter ses recettes, tous au moins leur chiffre se maintenir, sans demander au commerce en gros des sacrifices que ne saurait lui permettre le prix des transports plus élevé en France que dans tout autre pays.

Pour les transports de 5 à 20 fr., le projet de loi demande, en effet, un droit de 0.75, soit une augmentation de 7 0/0 ;

pour ceux de 20 à 50 fr., un droit de 1 fr., soit 42,80 en sus 0/0 ; enfin pour ceux au-dessus de 50 fr., 1.25, c'est-à-dire une aggravation de 80 0/0 environ.

Pour ces transports, une élévation d'impôt de cette nature aura pour effet immédiat de faire rechercher, par les expéditeurs, les groupements les plus considérables. Ces transports, en effet, s'appliquent surtout à des marchandises pauvres, dont le plus souvent le prix ne peut supporter cette augmentation de frais généraux sans ouvrir immédiatement la porte aux produits étrangers.

Ce n'est pas au moment où il n'est question que de la concurrence étrangère, du marasme dans lequel se traînent péniblement nos principales industries, qu'il convient d'ajouter aux frais de transport un droit de timbre supplémentaire.

Pour les charbons venant du Gard à Marseille, article qui a déjà bien de la peine à soutenir la concurrence des produits anglais, ce seul droit de timbre augmentera de 12 0/0 le prix du transport.

Un exemple, pris au hasard, vient à l'appui de l'importance de cette nouvelle charge. Une usine de produits chimiques de notre ville a acquitté, en février dernier, 169 récépissés en port payé, soit à 0.70 : 118.30 de droits.

En classant ces récépissés dans les nouvelles catégories proposées, nous trouvons :

. 1 transport à moins de 2 fr.

  3   »   de 5 fr.

13   »   de 20 fr.

64   »   de 50 fr.

88   »   de plus de 50 fr.

____

169

Avec la tarification nouvelle, ces transports acquitteront des droits de timbre comme suit :

1 transport	0.25....	0.25
3 »	0.50....	1.50
13 »	0.75....	9.75
64 »	1.00....	64.00
88 »	1.25....	110.00

185.50 au lieu de 118.30

d'où une augmentation de 56 0/0.

En admettant que l'accroissement des petites expéditions soit nul, contrairement à ce que nous pensons, la diminution de recette, correspondant au dégrèvement, variera de 6 0/0 à 30 0/0 maximum. Pourquoi, dans ce cas, demander à ce grand industriel une augmentation de 56 0/0 sur les droits de timbres payés par lui. Nous ne pensons pas que le Gouvernement, sous prétexte de détaxer les petits envois, n'ait voulu que rendre cet impôt du timbre beaucoup plus productif en le faisant peser sur les transits importants. Nous le répéterons sans nous lasser : il y a solidarité complète des différents genres de commerce et d'industrie grands ou petits ; tout ce qui touche l'un finit par atteindre l'autre.

Au point de vue des transactions entre les diverses régions de la France, qui ont tout intérêt à voir s'augmenter l'échange de leurs produits souvent très divers, c'est encore une entrave à leur développement.

Tel envoi de Marseille sur une ville voisine ne paiera que 2 fr. de transport et par suite 0.25 de droit de timbre et ce même envoi, fait par le même mode de transport sur Lille, paiera 20 fr. et par suite 0.75 de timbre.

Pour quelle raison cette différence de traitement entre deux envois de même valeur, expédiés tous deux sur territoire français, par chemin de fer ? Est-ce parce que le prix du transport sera plus élevé et par suite le prix de vente au consommateur forcément plus fort, qu'il conviendra de le rehausser encore par un surcroît de frais généraux ? Nous ne saurions accepter, sans protester, ces modifications qui ne tendraient à rien moins qu'à isoler les différentes régions de la France les unes des autres et à reconstituer pour ainsi dire des provinces devant se suffire à elles-mêmes, ne pouvant profiter des produits qui leur manquent et qui sont fabriqués dans d'autres, sans les payer des prix plus élevés que de raison.

Il semble très rationnel que le consommateur qui prend une marchandise en gare de Marseille et qui est obligé de la confier au chemin de fer ne paie pas plus de droits de timbre pour la recevoir à Calais que pour la recevoir à Aix.

Au point de vue du commerce étranger, il se produira ce fait étrange qu'un envoi fait d'un port italien sur Paris paiera, grâce aux tarifs de pénétration ou aux tarifs combinés, moins de droit de timbre afférent au récépissé de chemin de fer que le même envoi fait par un industriel marseillais. Les tarifs combinés et ceux de pénétration comportent, en effet, une diminution du prix total de transport dont le chemin de fer supporte sa part, diminution qui se répercutera dans bien des cas sur le droit de timbre.

Par contre nos produits expédiés à l'étranger sont en général vendus franco-bord. Les industriels français qui les expédieront auront par suite, à leur charge, les frais plus élevés de timbre et ces nouveaux frais rendront plus difficile la concurrence déjà pénible qu'ils ont à soutenir contre leurs concurrents allemands, anglais et autres.

Le moment nous paraîtrait inopportun pour appliquer des mesures devant amener de pareils résultats, alors que l'on constate malheureusement que le Commerce extérieur de l'Allemagne a considérablement augmenté et est devenu supérieur à celui de la France qui est en diminution. Ce serait ajouter une entrave de plus à celles dont sont déjà pourvus notre commerce et notre industrie qui font connaître nos produits à l'étranger.

Groupage ; Pour les groupages, l'art. 2 de la loi du 30 mars, actuellement en vigueur, prescrit qu'un récépissé spécial sera créé pour chaque destinataire par les entrepreneurs de messageries ou autres intermédiaires qui réuniront en une ou plusieurs expéditions des colis ou paquets envoyés par chemin de fer à des destinataires différents.

Cette mesure ne s'applique ni aux transports maritimes ni à ceux effectués par la navigation intérieure.

Nous répéterons ce que nous avons dit plus haut : Pourquoi cette différence de traitement que rien ne justifie ?

Le Projet de loi actuel porte, art. 5, que :

« Les entrepreneurs de transports par fleuves, rivières, canaux et tous intermédiaires de transports de cette nature qui réunissent en une ou plusieurs expéditions des colis ou paquets envoyés à des destinataires différents, sont tenus de remettre au bureau expéditeur, et à défaut, au conducteur du bateau un bordereau détaillé et certifié et faisant connaître le nom et l'adresse de chacun des destinataires réels. Il sera créé, outre le récépissé pour l'envoi collectif, un récépissé spécial à chaque destinataire. Le droit de timbre du récépissé collectif est fixé d'après le prix du transport, ainsi qu'il est dit à l'article 4 et le droit de timbre de chaque récépissé spécial est uniformément fixé à 0.50 centimes, sans décimes.

L'article 2 impose les mêmes taxes pour les envois collectifs par chemin de fer.

L'article 9 le prescrit pour les transports maritimes.

Ici, sous prétexte d'uniformité dans le traitement, on établit des charges qui n'existaient pas pour certains et on les augmente pour les autres.

Un négociant a un agent à Paris qui lui transmet des ordres d'envoi pour un certain nombre de clients. Ces ordres partent en groupe à l'adresse de l'agent qui ne paiera que le droit de timbre sur le prix total du transport et délivrera les marchandises aux divers destinataires sans avoir à payer la taxe de 0.50 par envoi détaché.

Si ce même négociant n'a pas d'agents, il paiera autant de fois 0.50 qu'il confiera d'expéditions à un commission-naire. Est-ce juste ? Bien plus, un envoi détaché peut ne payer de port que 2 francs et par suite 0.25 de droit de timbre. Ce même envoi, confié à un commissionnaire qui doit en faire la livraison se verra, parce qu'il figurera dans un groupement, obligé de payer 0.50, sans compter sa cote part des If ou 1.25 dû par l'envoi total. Voilà une conséquence au moins bizarre.

Nous ne nous étendrons pas longuement sur la question des connaissements. La plupart des arguments présentés pour les récépissés leur étant applicables ; par exemple l'inégalité de traitement pour le même envoi fait de Marseille sur Cette ou sur Bordeaux et autres. Du reste, nous espérons que le principe de l'unification du droit de timbre pour tous les modes de transports sera admis par nos représentants et que les anomalies actuelles dispa-raîtront à la fois.

La commission estime donc qu'il est très juste de diminuer le droit de timbre sur les petits transports, mais elle pense aussi que tous les efforts de notre Société doivent tendre à ce que le droit existant soit maintenu pour les transports dépassant 20 francs avec application de ces taxes quel que soit le mode de transport, et que la taxe de groupage soit supprimée d'une façon générale. Nous ne pouvons supposer que, sous le prétexte de dégrever les petites expéditions, le Gouvernement ne vise qu'à augmenter le rendement d'un impôt et nous estimons que l'augmentation des petits envois, conséquence naturelle de l'abaissement de leur prix, couvrira largement le déficit que l'on entrevoit.

Marseille, le 26 juillet 1895.

Le Rapporteur,

E. Meynadier.

Ce rapport entendu, la Chambre Syndicale l'adopte à l'unanimité des membres présents, le couvre tit en déllbé-ration et décide qu'il sera adressé à MM. les Ministres du Commerce, des Finances, à MM. les Sénateurs et Députés de Marseille.

Le Président,

Henri Estier.

www.ingramcontent.com/pod-product-compliance
Lightning Source LLC
LaVergne TN
LVHW020108070726
842525LV00018B/2319